了不起的中国制造

兵器
BINGQI

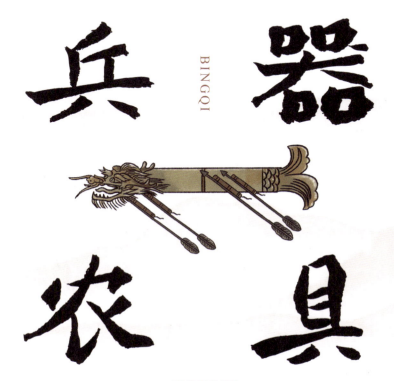

器具

农
NONGJU

刘芳芳　王唯一　苏小爪 ◎主编

吉林科学技术出版社

图书在版编目（CIP）数据

兵器　农具 / 刘芳芳，王唯一，苏小爪主编 . -- 长
春：吉林科学技术出版社，2024.6
（了不起的中国制造 / 刘芳芳主编）
ISBN 978-7-5744-1134-0

Ⅰ . ①兵… Ⅱ . ①刘… ②王… ③苏… Ⅲ . ①兵器（
考古）—中国—儿童读物②农具—中国—儿童读物 Ⅳ .
① K875.8-49 ② S22-49

中国国家版本馆 CIP 数据核字 (2024) 第 062676 号

了不起的中国制造　兵器　农具
LIAOBUQI DE ZHONGGUO ZHIZAO BINGQI NONGJU

主　　编：刘芳芳　王唯一　苏小爪
出 版 人：宛　霞
策划编辑：宿迪超
责任编辑：徐海韬
封面设计：美印图文
制　　版：睡猫文化
幅面尺寸：226 mm × 240 mm
开　　本：12
印　　张：6.5
页　　数：78
字　　数：57 千
印　　数：1-6000 册
版　　次：2024 年 6 月第 1 版
印　　次：2024 年 6 月第 1 次印刷

出　　版：吉林科学技术出版社
发　　行：吉林科学技术出版社
地　　址：长春市福祉大路 5788 号
邮　　编：130118
发行部电话 / 传真　0431-81629529　81629530　81629531
　　　　　　　　　　　　　81629532　81629533　81629534
储运部电话：0431-86059116
编辑部电话：0431-81629518
印　　刷：吉林省吉广国际广告股份有限公司

书　　号：ISBN 978-7-5744-1134-0
定　　价：49.90 元

前言

　　提起影响世界的中国发明，你可能想到了指南针、造纸术、印刷术和火药，对吧？这些发明在古代中国的政治、经济和文化发展中起到了巨大作用，而且还传播到了西方，对全世界都产生了深远影响。

　　然而，这些发明只是冰山一角，我国古人的智慧远不止于此。《了不起的中国制造》系列图书将带你探索更多更有趣的中国古代发明。五本书共介绍了青铜器、陶瓷、丝绸、茶叶、农具、兵器、船舶、桥梁、乐器和笔墨纸砚。每本书都以生动有趣的方式展示了这些发明的过程和发展进程，以及它们在中国历史上的重要地位和对全球文明进程的影响。

　　这些发明展现了古代中国人的智慧和勇气，他们通过发明创造改变生活方式和影响世界，给现代人留下了深刻的印记。跟随书中的讲解和有趣的画面，你会被古代科技的艺术魅力所吸引，仿佛穿越时空，亲身体验古人是如何改变生活的。

发明创造从来都不是易事。这些发明不仅是技术和艺术的结晶，更是古代智慧的瑰宝。通过了解这些发明，不仅能够提升自己的创造力和解决问题的能力，还能深入了解中国传统文化。

　　让我们一起踏上探索中国古代非凡创造的旅程吧！

让我们一起学

兵器

　　《西游记》和《封神演义》中有很多相同的角色，其中杨戬也被称为"二郎神"。你知道"二郎神"杨戬用的兵器叫什么吗？

　　对，三尖两刃刀。在刀的头部有三个尖，呈三叉状，刀身两面都有刃，也比普通的刀刃宽很多，可以"刺""劈""挑"，用法丰富。

　　我们知道，每个民族都有自己的兵器，兵器的发展和演变与文化、历史、科学、工艺，以及国家的强弱盛衰都有着密切的关系。今天就带你了解中国古代了不起的神兵利器，从不同的兵器中，我们一起看中国、观历史。

兵器起源

　　最早的兵器，是"兵工不分"的。人们用来保护自己的兵器，通常都是随手就可以拿到的木头或石块。后来随着文明的发展和战争经验的累积，才逐渐出现了复杂的兵器。

石器时代的原始人所使用的的石斧、石刀、石矛等简易兵器

新石器时代——石制兵器

在旧石器时代，石器和石兵不分家，什么意思呢？比如用石片盛放物体，那就是"石器"；如果用石片来打架，那这个石片就叫"石兵"。

到新石器时代，石制的兵器已经得到改进，不仅磨制精良，而且更加锋利。当时的兵器有：石刀、石匕首、石矛、石镞、石棒、石斧等，种类丰富。

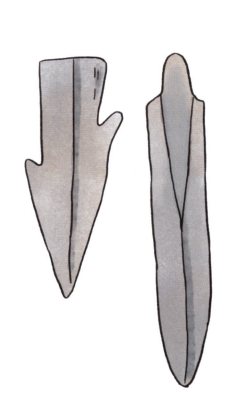

浙江杭州良渚遗址出土的石镞

了不起的中国兵器——概览

新石器时代 以石制兵器为主。

商周 青铜兵器出现，加工技术进步。

春秋战国 青铜器发展至全盛期，铸剑技术登峰造极。

秦汉 铁制兵器全面取代青铜兵器。

魏晋南北朝 战争形式的改变，带来了新的武器样式。

冷兵器末期，软兵器和暗器种类大增。

清朝

引进和吸取外族工艺的创新发明，火器发展至巅峰。

明朝

打击类兵器成为致胜的利器。

唐朝

版图扩张，受到中亚、印度等地的影响，兵器的种类变得多元化。

元朝

火药出现，开启了中国热兵器的时代。

宋朝

高超的青铜制造技术（商周时期）

　　商周时期，由于各诸侯国之间连年征战，青铜兵器加工技术飞速发展，中国成为全世界范围内同时期青铜器制造技术最先进的国家。

　　沉重的斧钺能够实现有效的攻击效果，因而最广为使用。

商朝铲形管銎钺

亚丑钺

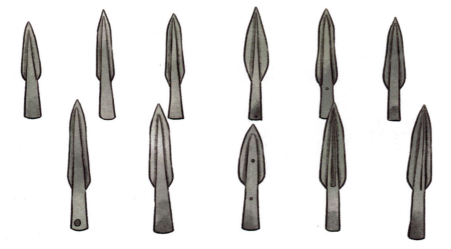

曾侯乙墓出土青铜矛

　　商周时期的军队主要是步兵，因此出现了穿刺武器矛与戈。

雕琢精致的青铜兵器

青铜兵器的器身上有华美的纹饰，代表着当时中国强大的青铜冶炼技术。

饕餮纹"妇好"铜钺
河南殷墟博物馆馆藏

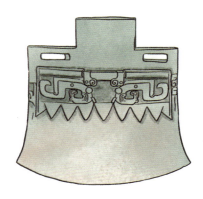

双身龙纹"妇好"铜钺
中国社会科学院考古研究所收藏

互动小游戏

青铜兵器上有很多动物的元素，代表着当时人们的图腾崇拜。你能辨认出下面这些青铜兵器上的动物吗？

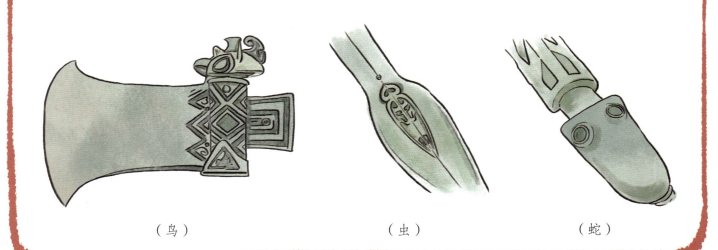

（鸟）　　　　　　　　　（虫）　　　　　　　　　（蛇）

春秋战国时期

青铜器在春秋战国时期发展至全盛期，其中吴越两国的铸剑技术达到了登峰造极的水平。

吴王夫差青铜剑　中国国家博物馆馆藏

越王勾践剑 欧冶子（造）湖北省博物馆馆藏

春秋时已发展出外层镀锌的技术，可以防锈，因此出土时依然锋利。

春秋末期，吴越地区涌现出一批铸剑大师。其中，欧冶子被誉为中国铸剑鼻祖。

相传，越王勾践曾请欧冶子铸造了五把名贵的宝剑，分别为湛庐、纯钧、胜邪、鱼肠、巨阙，后来各国间为了争夺这些稀世宝剑，还发动过血腥残忍的战争。

车战的出现带来兵器的变革

春秋时期，战车开始投入战场，作战形式发生了变化。战车的出现使战斗变得更加灵活，军队可以迅速发起进攻或撤退。战车三人一组，中间一人驾车，两侧的士兵则用戈与弓箭进行战斗。

戈，是当时战车的主要配置武器，柄长 1.5 米左右，攻击距离远，大大提升了作战效率。

它的外形就像是一把刺刀横绑在长柄上。戈的锋利部分可以钩住敌人的武器，使其无法正常挥舞。同时戈也可以用来割伤敌人的手脚，使其失去作战能力，戈的出现影响了当时的战争格局。

秦汉、三国和魏晋南北朝时期——铁制兵器的崛起

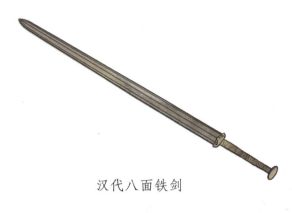

汉代八面铁剑

战国末期，车战逐渐没落，骑兵兴起。随着冶铁技术的发展，铁制兵器全面取代了青铜兵器。为配合骑兵的高速斩敌需要，出现了许多适用于骑兵战的新武器。

秦汉时期，铁剑已取代了青铜剑，并增加了剑身长度，增加攻击范围。

有趣的历史小知识：荆轲刺秦王

戟——改良的万能兵器

戟由戈和矛改造而成，可以砍、钩、刺，是一种多功能兵器。

戟既是一种仪仗用具，又是先秦时期至魏晋时期军队中的制式武器。四年相邦吕不韦戟1974年出土于兵马俑坑中，此戟由青铜戈、青铜矛和木柄组成，全长2.87米，是国内发现的一件保存完整的青铜戟。在我国，西周时期就出现了整体铸造的戟。

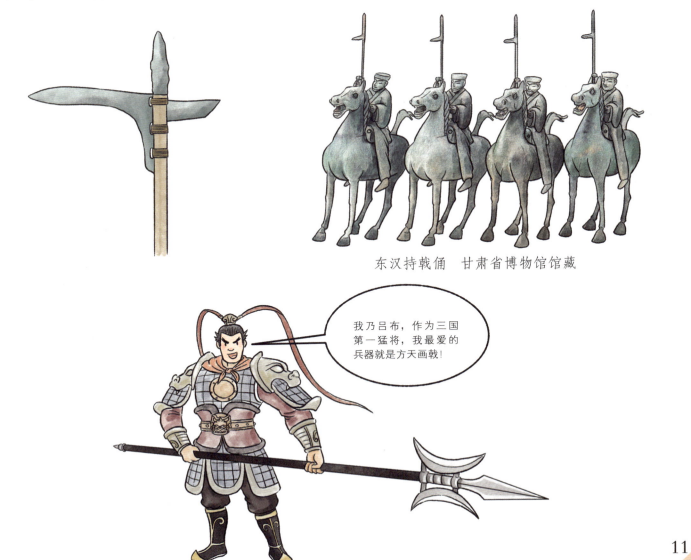

东汉持戟俑　甘肃省博物馆馆藏

我乃吕布，作为三国第一猛将，我最爱的兵器就是方天画戟！

钩镶——对付铁戟的神器

钩镶，是汉代改进铁盾后，制造成的新型防御武器。

在铁盾上安装上下两个利钩，既可以用来钩住敌人的铁戟，让其无法继续攻击，还可以趁机用武器反攻，特别有效。

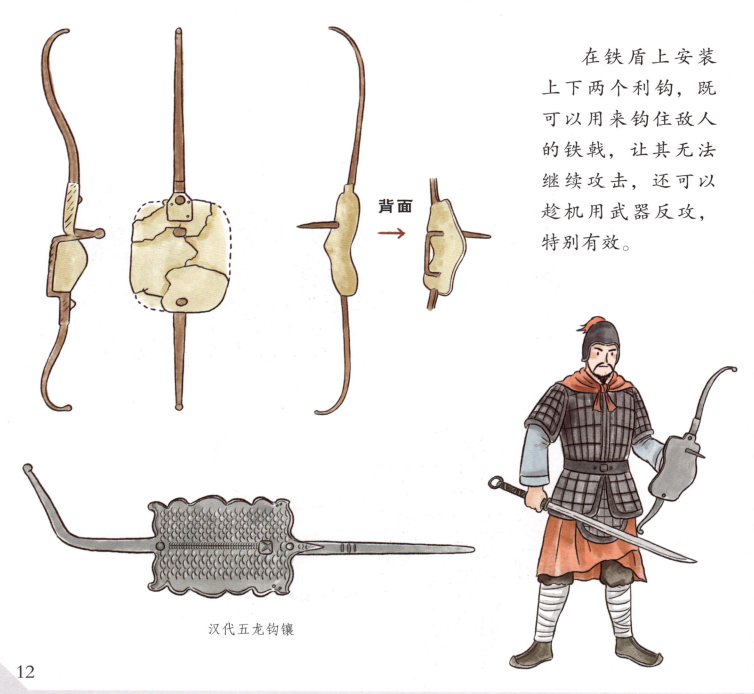

背面

汉代五龙钩镶

环首刀——抗击匈奴的"功臣"

环首刀，单面开刃，刀背较厚，劈砍造成的伤害比剑大很多。在与匈奴骑兵的近身战斗中，环首刀成为汉军最利于砍杀的兵器。

东汉环首铁刀　国家博物馆馆藏

我的环首刀锋利无比，一刀下去，能砍断八层草席！

汉武帝抗击匈奴之战

汉武帝时期，国力强盛，当时冶铁业发达，能制造出非常锋利的武器，汉朝的军事装备远远超过了匈奴军队。在卫青、霍去病等名将的带领下，匈奴军队被打得落花流水，再也无法威胁到汉朝。而匈奴的军事力量被瓦解后，也逐渐走向没落。

13

弓与弩有什么区别?

汉末,随着骑兵战与水战重要性的提高,弓与弩等远程投射类武器发挥着越来越重要的作用。

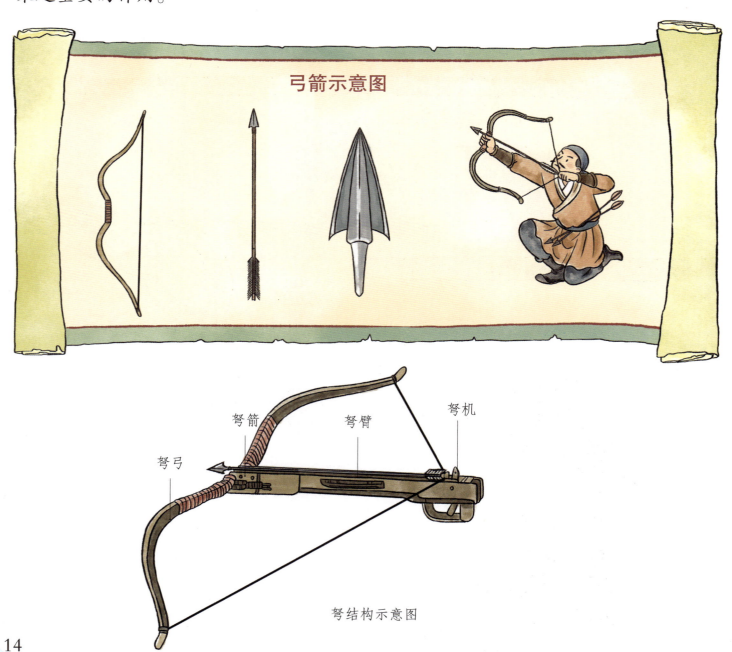

弓箭示意图

弩结构示意图

弓弩大比拼

操作难度：弩胜！

弓：需要强劲的臂力和抓握力，视力要好，需长年累月练习。

弩：操作简单上手快，几个月就能训练成精锐射手。

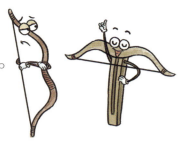

杀伤力：弩胜！

弓：威力大小取决于射手个人力量，杀伤力有限。

弩：威力大小固定，由装置结构决定，杀伤力很大。

射击速度：弓胜！

弓：射速快，发射频率高，每分钟可以射 15 次左右。

弩：射速相对慢，发射频率低，每分钟能射 4 次左右。

射击距离：弓胜！

弓：有效射程超过百米。

弩：有效射程不足百米。

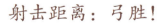

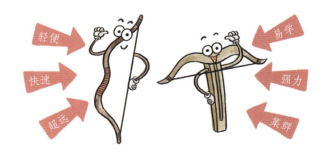

总结：

弓比较轻便，射速快，适用于远距离射击。

弩上手快，适合近距离射击，威力大，适用于集体作战。

枪——百兵之王

随着戟逐渐没落，汉末三国时，矛逐渐演变成枪。

枪既适用于骑兵冲锋，也适用于步兵进攻。枪制造成本很低，用途广泛，并且攻击距离长，攻速快，杀伤力强，被誉为"百兵之王"。

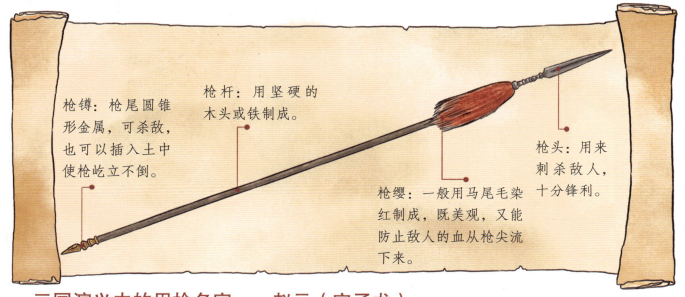

枪鐏：枪尾圆锥形金属，可杀敌，也可以插入土中使枪屹立不倒。

枪杆：用坚硬的木头或铁制成。

枪头：用来刺杀敌人，十分锋利。

枪缨：一般用马尾毛染红制成，既美观，又能防止敌人的血从枪尖流下来。

三国演义中的用枪名家——赵云（字子龙）

公元 208 年，刘备带四十万百姓逃到江陵当阳，后有曹操大军追赶，刘备妻儿在乱军中失散。

赵云单枪匹马闯进曹操大军之中，陆续救出了刘备的几个夫人。其中糜夫人已身受重伤，于是将幼子阿斗托付给赵云，自己投井而死。

赵云怀抱阿斗，提着长枪击杀了几十名曹军将领，奋力血战，最终得以脱身，将阿斗交还给了刘备。

我乃常山赵子龙！

赵子龙浑身都是胆啊！

听说吕布和他打起来都难分胜负。

他在长坂坡一个人单挑曹军，真是太勇猛了！

《三国演义》里的兵器"热搜榜"

1. 青龙偃月刀

人物：关羽

关羽作为一名猛将，拥有两宝，赤兔马和青龙偃月刀，帮他过五关斩六将，如虎添翼！

2. 方天画戟

人物：吕布

方天画戟是吕布的兵器，人中吕布，马中赤兔，武功高强并坐拥方天画戟和赤兔马。

3. 丈八蛇矛

人物：张飞

张飞凭借丈八蛇矛，据水断桥、大战张郃、生擒严颜、大战吕布，可谓是勇猛无敌。

4. 雌雄双股剑

人物：刘备

右手的雌剑重六斤四两，左手的雄剑重七斤十三两。在"三英战吕布"中，刘备的双股剑一战成名。

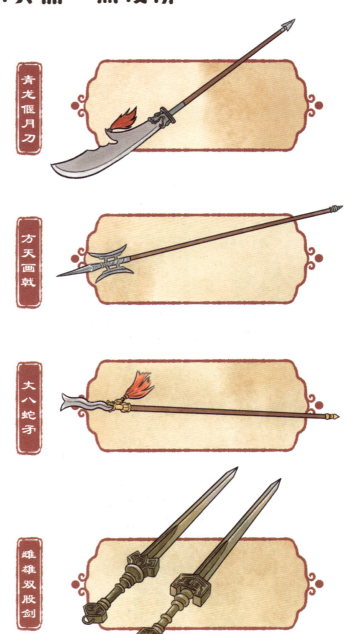

青龙偃月刀

方天画戟

丈八蛇矛

雌雄双股剑

唐宋时期——打击类兵器大行其道

　　自唐朝开始，各民族进一步融合，中原与边疆各民族之间战事不断。铁甲的普及带动防具的进步，因此，在战场上能够破甲的打击类兵器，成为致胜的关键。

唐朝防护严密的明光铠

宋朝步人甲

锤——"重甲克星"

起初，锤是游牧民族捕捉猎物时使用的武器，可脱手投掷。进入中原后，锤成为时兴的礼器和随身武器。

锤的造型简单，由一支短棍附上一个沉重的铁球组成，最早也叫"骨朵"。

仁厚村出土的北宋执锤官员壁画

宋代胡人顶瓜铜锤
这支铜锤尾部是一个人面艺术造型，非常独特。

鞭锏——伤害超高的金属兵器

鞭：鞭身上有像竹子一样一节一节的凸起，能够加强打击的伤害，抵抗对手的武器，通常成对组成"双鞭"使用。

锏：锏身上有棱，通常为三棱或四棱，凸起的棱角也能有效增加打击的伤害程度。

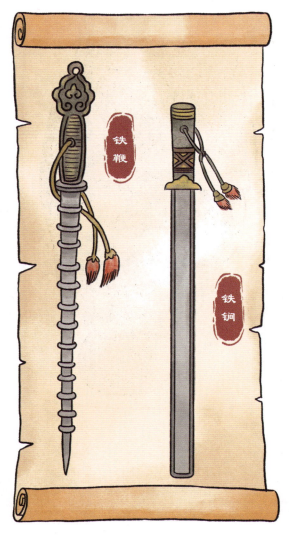

铁鞭

铁锏

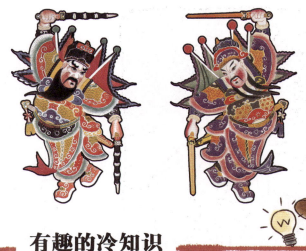

有趣的冷知识

门神画像上，两位将军拿的是什么兵器？

常见的门神像是唐朝的两位开国大将尉迟恭和秦琼。传说当时唐太宗每晚噩梦连连，大臣魏征便请这两位将军身穿戎装，手拿兵器，守在房间门口，太宗从此夜夜安睡。后来，皇帝就请人绘制了他们的画像，挂在门口，以驱邪避鬼。而画像中，尉迟恭拿的就是鞭，秦琼拿的就是锏。

陌刀——可以斩马的冷兵器

陌刀是盛唐时战场上经常使用的一种长柄大刀，长约3米，重达10千克。刀刃极为锋利，砍杀效果极佳，在战争中主要用来对抗骑兵，到宋朝时失传。

火药——开启中国热兵器的时代

火药是中国的四大发明之一。早在宋朝，充满智慧的中国人就围绕着火药开发了一系列的热兵器，在当时被称为"火器"。

燃烧类火器：依靠引燃火药快速燃烧。

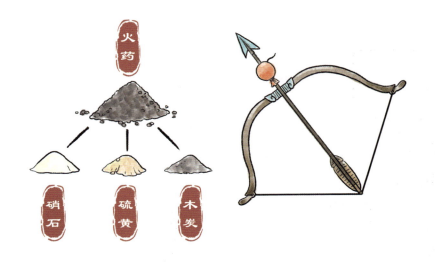

火箭：把火药绑在普通箭矢上，再由弓弩射入敌阵，产生燃烧或爆炸。

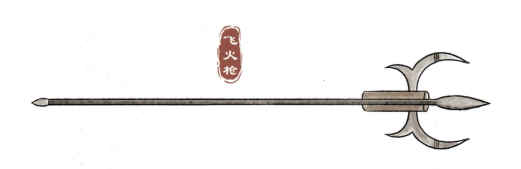

飞火枪：先点燃喷筒里的火药，然后发射火焰以烧伤敌人。

火球：把火药装进球状物中，可施毒、造烟，用于制造障碍。

火器的革新

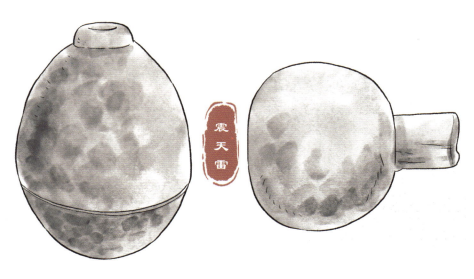

震天雷

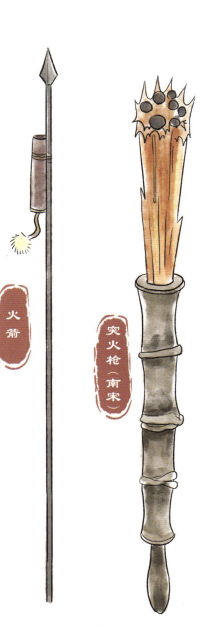

火箭

突火枪（南宋）

震天雷——手雷的雏形

最早出现在北宋末年，原理是在一个大铁球中塞满火药，连接一根长长的引信。爆炸后，铁片会四处飞散，对人造成致命的伤害。

突火枪——世界上第一种步枪

枪管为竹筒所制，点燃引线后，里面的火药燃烧，将子弹射出，是所有管形枪械的鼻祖。

猛火油柜——世界上第一个火焰喷射器

古代，石油被称为"猛火油"。猛火油柜就是以石油为燃料，用熟铜制成柜，里面装上火药。使用时，将火药引燃，通过唧筒向油柜中施压，利用大气压力，使石油喷出时燃烧成烈焰，以烧伤敌军及其装备。宋朝是对猛火油柜运用最为成熟的时期。

猛火油柜

元朝——兵器多元化

元朝版图扩张到欧洲，兵器也受到中亚、印度等各个地方不同的影响，骑射兵器与攻城器并用，同时沿袭了宋朝使用火器的习惯，兵器的种类非常多元化。

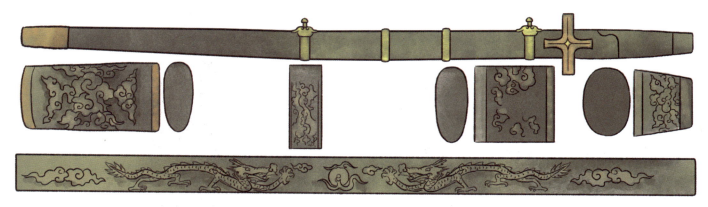

元朝十字护手铁剑

十字护手是元朝最常见的刀剑结构。

元朝弯刀

元朝弯刀弧度大，不易折断，能释放更强的力量，可以给敌人造成更大的伤口，非常适用于马战。

铜火铳

元朝掌握并继承了宋朝的突火枪技术，进一步发展成铜火铳，组成"炮手军"，在攻城作战中名声大震。

明朝——引进和吸取外族工艺的创新发明

明朝的兵器远比之前朝代的精良，且皆适用于陆战和海战。

这一时期，刀剑制造的工艺技术已经发展到一定高度，与今天的手工锻造技术差别不大。

戚家刀

抗倭名将戚继光借鉴日本长刀技法，并加入中国刀的特点，研制出了戚家刀。刀柄长，刀型有弧度，柔韧与锋利兼备，可双手握持。经过训练，"戚家军"使用戚家刀在抗倭战争中大显身手。

绣春刀

明朝特务机关锦衣卫的佩刀，刀身短小，刀刃有一定弧度，携带比较轻便。

"登州戚氏"战刀

万历十年（1582 年）戚继光任蓟镇总兵时铸造的军刀。

戚继光抗倭成功的"秘密武器"——梨花枪与狼筅

明朝抗倭名将，也是当时杰出的兵器改造专家。他改造并发明了各种武器、战船和战车，大大加强了明军的水陆装备。

明代梨花枪的枪头下边安装了筒，可以在里面放置不同的毒性火药，杀伤力很强。

戚继光曾在《纪效新书》里载有该枪法及图解，并高度评价梨花枪法："长枪之法，始于杨氏，谓之曰梨花，天下咸尚之；其妙在于熟之而已，熟则心能忘手，手能忘枪，圆神而不滞。又贵于静也，静则心不妄动而处之裕如，变幻莫测，神化无穷。"戚继光创编"戚家枪"，在当时的步兵战中，成为日本剑术的克星。

"二十年梨花枪，天下无敌手"说的就是杨家的女子杨妙真，创造了天下无敌的梨花枪法。

狼筅

狼筅是一种长柄多枝型的长兵器，选用三到五米的南方毛竹，在其顶端装上铁枪头而制成。还可以在枪尖涂上毒药，制成毒狼筅。这种武器攻守兼备，杀伤力很大。

灵活高效的战斗队形——鸳鸯阵

　　鸳鸯阵，是戚继光创立的用于抗击倭寇的一种战斗队形。戚继光将鸳鸯阵运用于与倭寇的作战中，经常取得胜利。

　　鸳鸯阵将长兵器与短兵器、矛与盾充分结合，阵形变化灵活，行动方便，能够充分发挥出各种兵器的效能。

　　总共有 11 个作战队员。除了队长、火兵之外，鸳鸯阵分为两个队伍，每个队伍五人。最前面的士兵拿盾牌。随后是狼筅兵，用于防御。再后面是四名长枪兵，负责进攻。最后是两个手持镗钯的士兵，担任警戒支援工作。

明朝黑科技——中国古代火器发展的最高峰

明朝在实战中广泛使用火器，十分重视火器的研发和制造，火器的出现使战争中的伤亡程度大大加深。

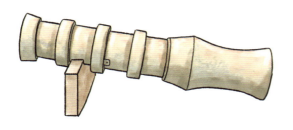

明代竹节手炮

由一根炮筒和几个简单的零件组成，可以发射石头，也可以发射一些铁球。利用纯铁锻造，工艺精炼，非常小巧精致。

三眼火铳

出现于明朝洪武年间，威力巨大，既可以远距离射击敌人，也可以近战砸击，是一种两用兵器，在明朝军中常备。

火龙出水

世界上最早的二级火箭，是今天多级火箭的鼻祖。它应用多级动力系统，加大了箭矢的射程，堪称明朝射程最远的武器。

神火飞鸦

明代的一种军用火箭，外形如乌鸦。内部填充火药，可飞行百余丈。着陆后，飞鸦内部的火药被点燃爆炸，可以打击敌人，烧毁敌军粮草。

清朝——冷兵器的末期

清朝晚期，中国的火器技术发展相对滞后，未能跟上西方列强的发展步伐，许多兵器也由军用转为民用。其中软兵器及暗器种类大增，成为中国兵器文化中的重要部分。

清兵入关后，带入了许多北方游牧民族惯常使用的软兵器，逐渐在民间流传开来。软兵器主要是指由绳子或锁链构成的武器。通常攻击范围广，还可防身，容易收藏。

金属鞭

由多节金属结合制成，大多有九节，又称"九节鞭"，由北方放牧的马鞭变化而来，可搭配刀或其他武器使用。

流星锤

由一段绳索或锁链加上两个锤头组成。绳索相当坚固，普通的刀割不断。锤的一头主要用于攻击，另一头用于防御。流星锤攻击路线变化多端，具有迷惑性。

暗器

在清朝兵器中，暗器占据重要地位。暗器大多是投掷类的小型兵器，主要是趁人不备时攻击对方。清朝人非常喜欢使用暗器，无论王公贵族，还是工商士卒，都有人练习使用。

在所有暗器中，镖是知名度较高的一种。其有效射程在25米左右。其中最常见的是三棱镖、金钱镖等。

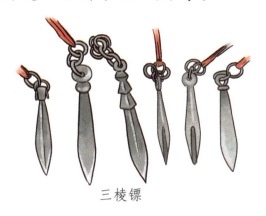

三棱镖

金钱镖

如意珠

外形就是一颗小铁丸。使用时用两根手指扣住，然后向外弹出，主要用于攻击敌人身体的脆弱部位。

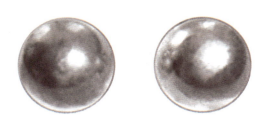

袖箭

一种具有简易机械原理的暗器，容易隐藏，发射动作小。使用时只要按机关，就能将短箭射出，敌人难以防备。

稀奇古怪的兵器

峨眉刺

武侠小说中的热门兵器，可藏于掌中，攻敌不备。

铁筷子

这可不是吃饭的家伙！它是点穴专用兵器！

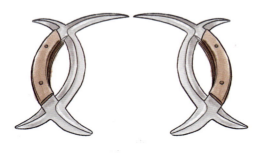

子午鸳鸯钺

又叫"鹿角刀"，造型奇特，经常成对使用，如同鸳鸯相伴，互为攻守使用。

判官笔

长得像笔，但不是用来写字的！既能当普通兵器，也能当暗器。

拦面叟

功能强大的铁质长杆大烟袋！劈、砸、撩、挑全不在话下！

铁拂尘

一般为道士所用，由马尾制成。主要攻击方式是以拂尘攻击对手头部。

掌握"十八般武艺"，要学会使用哪些兵器？

看一看，下面有你熟悉的兵器吗？

刀、枪、剑、戟、斧、钺、钩、叉、鞭、锏、锤、挝（zhuā）、镋、棍、槊、棒、拐、流星锤。

《西游记》里的厉害兵器

1. 如意金箍棒（持有者：孙悟空）

金箍棒有 13500 斤重，可变大变小。孙悟空用金箍棒，下打阎罗殿，上打凌霄殿，也帮他在取经之路上降妖除魔。

2. 九齿钉耙（持有者：猪八戒）

九齿钉耙重 5048 斤，是太上老君所打造的，最早是祭祀用的礼器，后来被猪八戒当成兵器。

3. 降妖宝杖（持有者：沙僧）

降妖宝杖是沙僧的武器，是他还在天界当卷帘大将的时候，玉皇大帝赠给他的。

4. 三尖两刃刀（持有者：二郎神）

前端是三叉刀形，刀身两面有刃，三叉刀可做锁、铲之用，法门独特，威力惊人。二郎神用此兵器与孙悟空大战几百回合难分胜负。

5. 火尖枪（持有者：哪吒）

火尖枪的枪头形如火焰状，枪尖能喷火，枪身长一丈八，可随意变化，是太乙真人所赠。

孙悟空

猪八戒

沙僧

二郎神

哪吒

让我们一起学

农具

　　小朋友们，有没有想过，在古代没有拖拉机、收割机、播种机的情况下，人们是怎么种粮食的呢？又是怎么磨出面粉，制作出香喷喷的包子、馒头、面条的？

　　其实，古代人发明了很多你不知道的农具，有很多到今天我们还在使用呢。

　　那时的小朋友们也不会闲着，他们会帮家里做农活儿。

　　春天，他们会去田里赶着牛耕地……

　　夏天，他们会去小河里捕鱼……

　　秋天，他们会去骑着驴拉磨……

　　快来看看他们的世界吧！

农具的起源

中华文明属于农业文明，因为我们的祖先们很早就开始种植作物和养殖牲畜了。他们发现种植和养殖的好处，把这个方法传给后代，形成了我们独特的农耕文化。

人类定居了，才能种植、养殖，才能制造农具！

原始人使用木棒采集、打猎

原始人用石器工作

农业产生的前提是人类必须定居下来，因为栽种了作物、圈养了动物，总要照料它们，就不可能像采集、渔猎时代那样四处迁徙游走。

于是原本用于采集食物的工具，如石片、木棒等，逐渐开始用来挖土、播种、收割，开始含有了农具的意义。

聪明的先民们用木棒、石块、兽骨等材料陆续创造出了一些最原始的农具。他们用石斧砍倒树木，用以生火；再用尖木棒松土，播种；收获时，用石刀来掐穗。这些工具慢慢地便发展为早期的农具。

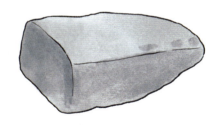

石斧

石刀

石铲

1956 年在云南省元谋县上那蚌村发现的元谋人，是我国目前最早使用农具的人，他们已经会用石头制造尖状器、刮削器，还会用动物的骨头加工成可用于切割的骨片。

时空穿梭：农具的发展简史

在古代，聪明的中国人发明了许多有用的农具，并不断地对这些农具进行改进。先进的农具使农作物生长得更好，产量也更高。让我们从史上最棒的中国古代农具开始，体会中国农民的聪明和智慧吧！

新石器时代

石器是主要农具，多用于砍伐、耕作和收割，原始农业开始兴起。

夏商周时期

青铜农具出现，但石制农具仍占主导地位，农业生产技术逐步发展。

秦汉时期

犁壁和耧车等新式农具出现，促进了农业生产效率的提高。

春秋战国时期

铁制农具逐渐普及，传统农具继续使用，农业生产技术不断发展。

魏晋南北朝时期

魏晋南北朝时期，冶铁炼钢受到了重视，开始用灌钢法制作农具，农具的原料质量有提高。

明清时期

继承与创新并举，农业生产效率进一步提高。

宋元时期

注重农业生产效率。

隋唐时期

曲辕犁和筒车的出现和推广，标志着农业生产技术有了显著提高。

从纯天然材料开始

在古代中国，最早期的农具是采用天然材料制作而成的。聪明的古人巧妙地将木头、石头、骨头以及蚌壳这些当地易得的材料转化为实用的农具。

石刀：用来割断植物、处理农事。这些石刀最早是粗糙的，但随着时间的推移，它们变得更锋利和耐用。

木耒：这是一种木制的犁，用于翻土。农民可以将它拉过土地，用于开垦准备种植作物的土壤。

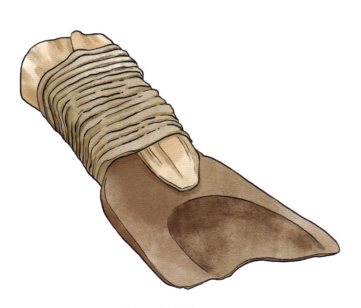

骨耜："耜"音同"四"，是用动物的肩胛骨加工制成的，是我国先民发明的早期农具，用于翻土。骨耜比木耜密度大、硬度高、耐用，不易受冷热干湿影响。

河姆渡出土骨耜　　　　　　装有木柄的骨耜复原图

如果你去博物馆，你可能会看到一些古代制作的石斧和石犁，它们非常精美。这些农具上甚至有圆孔，这反映了古代人类从最早的粗糙石刀逐渐发展到具有固定柄的磨制石犁的演变。这个过程经历了数十万年甚至上百万年的文明积累，展现了人类对农具的不断改进和创新。

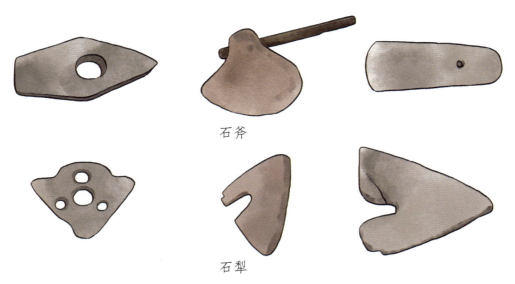

石斧

石犁

金属农具出现——青铜农具

早在夏朝时期，人们就已经掌握了青铜冶炼技术，但这项技术直到春秋时期才广泛应用于制作农具。

青铜，是指在红铜中加入锡、铅等化学元素一起冶炼而成的合金。纯铜的熔点很高（1083℃）而硬度较低。在纯铜中加入锡、铅以后，冶炼的熔点可降低到700~900℃，同时硬度增加了，这才使"青铜"可以广泛用于制作农具。

如何制造青铜农具

矿山采铜。产铜的矿山都会被土壤和石块所覆盖，可能要挖掘10米以上才能发现铜矿石。

挑选、清洗铜矿石。

铜矿石中的铜砂在大小、形状和光泽方面各不相同。

熔炉炼铜，分离铜和铅。

将纯铜炼成"青铜"。

提取铜时，首先要清洗掉附带的土壤颗粒，然后将铜砂放入炼铜炉中进行熔炼。熔化的铜从炉下的孔流出，这就是纯铜。

将纯铜炼成"青铜"，需要按照合适的配比加入锡、铅，再次熔炼，将流出的"青铜"倒入准备好的各种模具中，冷却后就可以获得农具了。

青铜农具相比木头和石头制造的农具更加轻便、锋利和坚硬，使用青铜农具提高了农业劳动效率，这是农具发展的一大进步。青铜农具为后来的铁农具的出现奠定了基础。

青铜农具探秘之青铜锸、青铜钁

有哪些常用的青铜农具呢？一起来看看吧！

青铜锸

锸（chā）是一种农具，它的形状类似于现代农村常见的铁铲。它通常由青铜制成，有一个空心的器体和一个柄，可以用来挖掘土壤。

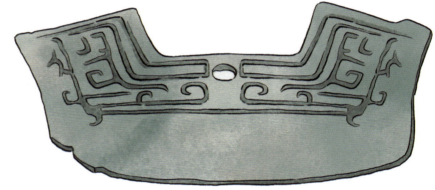

湖北黄陵盘龙城遗址的商代早期墓葬中出土了两件青铜锸，长约 15 厘米，刃宽约 10 厘米，器身中部各有一个孔，可以用来安装木柄。

这就是青铜锸，安装上木柄之后，已经与现在农村常见的铁铲很相似了。

青铜镢

镢（jué），也就是我们现在所说的锄头。它是一种耕作时用来完成除草、松土等工作的农具。"锄禾日当午"这句诗里的"锄禾"，用到的就是这个农具。

河南郑州二里岗、淇县摘心台、湖北黄州下窑咀都出土过青铜镢。在郑州南关外商代都城遗址还发现了以铸造铜镢为主的铸铜遗址，说明当时已经开始批量生产"铜镢"了。

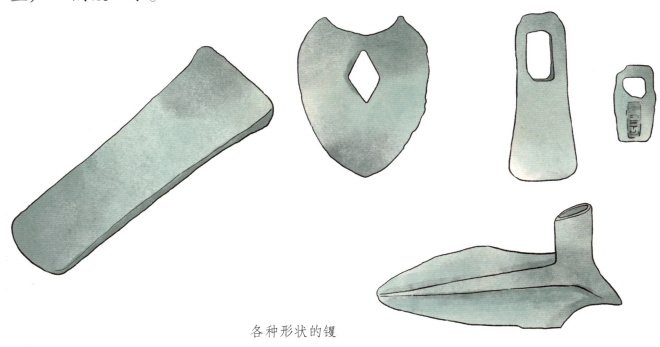

各种形状的镢

45

青铜农具探秘之青铜犁铧

犁是中国古代农民耕地的"神器"，它看起来像一辆小小的车，是由犁辕、犁箭、犁底和犁梢等主要部件组成的。犁已经有5000多年的历史了。

犁要怎么用呢？一个人站在犁后，握着犁把，前面一个人或多个人拉着犁往前走。在古代，人们多用牛和马这样的动物来拉犁。

直辕犁与曲辕犁

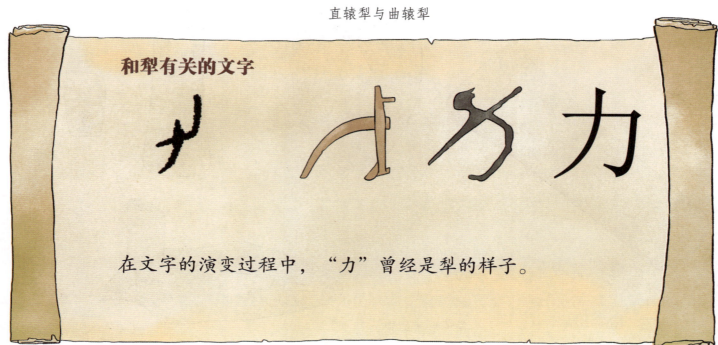

和犁有关的文字

在文字的演变过程中，"力"曾经是犁的样子。

耕犁是从一个叫耒耜的工具慢慢发展而来的。起初，人们用耒耜来耕地。后来，人们发明了犁铧，那时的犁铧是用石头做的，到了商代才变成青铜犁铧。

注意呀！青铜犁铧，并不是整个犁都用青铜材料来制作，那要多贵呀！而是把主要用于"破土"的犁头部分，用青铜来制作，这样比较省钱。

战国时期　青铜犁铧
收藏于中国农业博物馆

从外形上看，古人用的犁和我们现在用的犁的差别并不大。

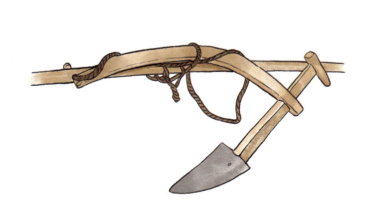

古代：公婆犁

现代：机械犁

战国时期——铁农具

战国时期，铁制农具开始被广泛应用于农业生产，这标志着中国古代农业迈入了一个全新的阶段。

在这个时期，铁农具取代了铜和石等材料制作的农具，成为农民们在耕作、种植、收割等方面的主要工具。铁农具之所以能够被大规模使用，主要有以下几个原因：

1. 耐用性强：铁农具相较于木制或石制农具更加坚固和耐用。

2. 效率高：铁农具可以更好地开垦土地、种植作物和收割庄稼，农民干活更快，效率更高。

3. 可塑性强：铁可以被轻松地锻造成各种形状，以满足不同的需求。

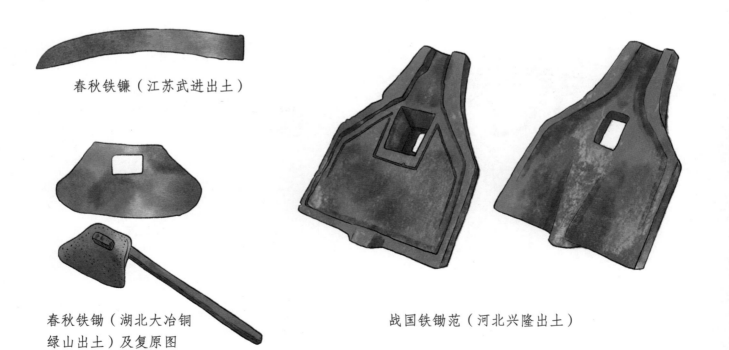

春秋铁镰（江苏武进出土）

春秋铁锄（湖北大冶铜
绿山出土）及复原图

战国铁锄范（河北兴隆出土）

制作铁农具，用生铁还是熟铁？

要制作铁农具，需要使用铁矿石冶炼出的铁。这个铁可以分为两种类型，一种叫作生铁，另一种叫作熟铁。制作熟铁需要进行一些额外的处理步骤。

熟铁比较软，可塑性强，容易被锻造成各种形状，但是硬度比较低，容易变形。而生铁质地比较坚硬，耐磨性好，但是比较脆。

在实际应用时，工匠们会根据具体的需求选择生铁或熟铁。

生铁坚硬耐磨，生铁最好！

熟铁柔韧，更容易塑形，还是熟铁好！

有趣的小问题

生活中哪些是生铁，哪些是熟铁？

生铁和熟铁是两种不同的铁制品，生铁是一种脆而硬的铁制品，通常呈银灰色，常用于制造锅铲、门铃、铁钉等。熟铁相对柔软且易于加工，通常呈黑色或深灰色，常用于制造刀、剪刀、铁架子等。此外，我们还可以通过声音来判断生铁和熟铁，当我们轻轻敲打生铁制品时，会听到清脆的声音，而轻敲熟铁制品时，则会听到低沉的声音。这是因为熟铁中的杂质较少，含碳量更低。

铁农具探秘一

战国时期的铁农具在造型设计和制造工艺上已经达到了较高水平，人们发明了各种各样的铁农具，比如犁铧、镢、锄、铲、锸、耙、镰、掐刀等，样式非常丰富，有些和近代的铁农具已经没有太大的区别了。

铁农具普遍用于农业生产的各个环节，包括翻土、开沟、整地、中耕、除草和收获等。

同一种类型的农具，在形状上也有所不同。比如，铁镢可以是长方形的、楔形的、和椭圆形的；锄有梯形和凹字形等。

春秋时期——铁农具出现　战国时期——铁农具使用范围扩大

战国时期的铁制农具

战国铁镰刀

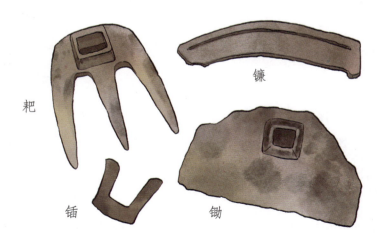

耙　镰　锸　锄

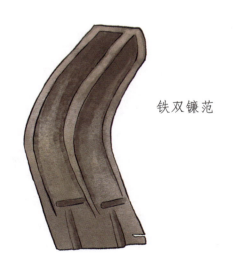

铁双镰范

50

铁农具探秘二

随着时间的推移，铁农具的种类和数量不断增多，人们不断根据农田工作的需求对其进行改进，使其更适应农业劳作的需要。

铁镬

还记得之前介绍过的青铜镬吗？镬，和锄类似，用于中耕除草。战国时期出现了六角形的铁镬，它宽而薄，可以高效地除草，两侧斜削，不会误伤庄稼。

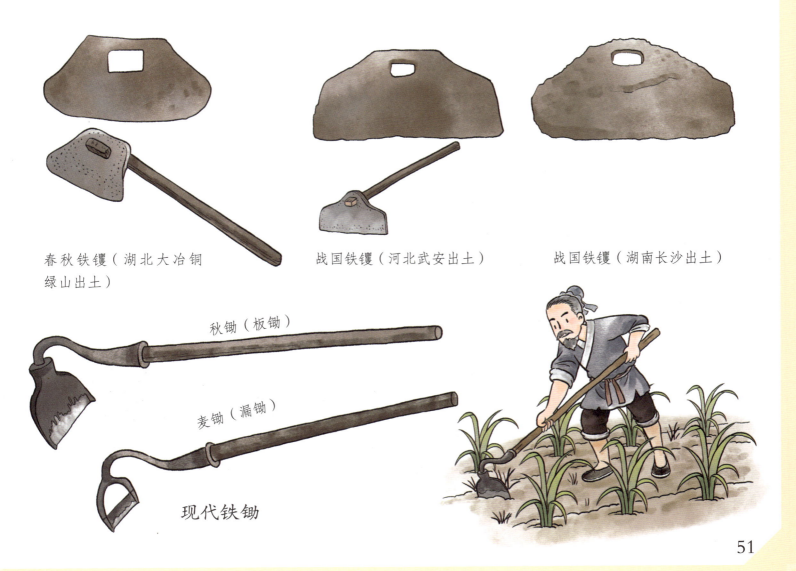

春秋铁镬（湖北大冶铜绿山出土）

战国铁镬（河北武安出土）

战国铁镬（湖南长沙出土）

秋锄（板锄）

麦锄（漏锄）

现代铁锄

铁镰

　　铁镰是收割工具，形状呈略带弧形的扁长条状，前端尖锐，安装木柄的部位有格纹，与现代的铁镰没有太大差别。

　　随着铁农具的推广和农业技术的进步，农田产量提高。这些改进让农田的每块土地都能产出更多的农作物。

铁镰

铁铲

铲是一种用于挖土的农具，在古代文献中也被称为"钱"。

从出土的战国时期的铁铲来看，铁铲的使用已经变得相当普遍。

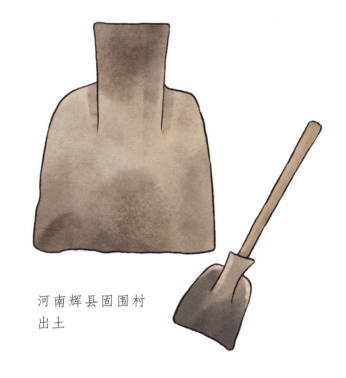

河南辉县固围村出土

那时的铲比较小，柄较短，人可以蹲在田里进行除草工作。随着时间的推移，铲逐步变大，柄也变得更长，这样人们就能够站立使用铲。

秦汉时期

　　秦汉时期，统治者高度重视农业，出台了一系列政策来促进农业发展。同时，冶铁技术和水利工程的进步，也为农业带来了很大的帮助。

　　可使用的农具越来越多。

　　农民可以用耒、耜、犁、锸等翻土工具，耙等整地工具，锄、钩、铍等除草工具，镰、铚等收割工具，以及枷等谷物加工工具。这些多样化、实用性强的农具，让农民种田变得更高效、更轻松。

铁犁（陕西陇县出土）

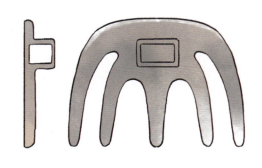
铁耙（福建崇安汉城遗址）

农民运用不同的材料和制作方法，制作出不同用途的农具。比如，犁铧需要高强度和耐磨损，农民就会选择白口铁；而锄头、铲子等工具需要一定强度和韧性，农民则选择韧性铸铁。

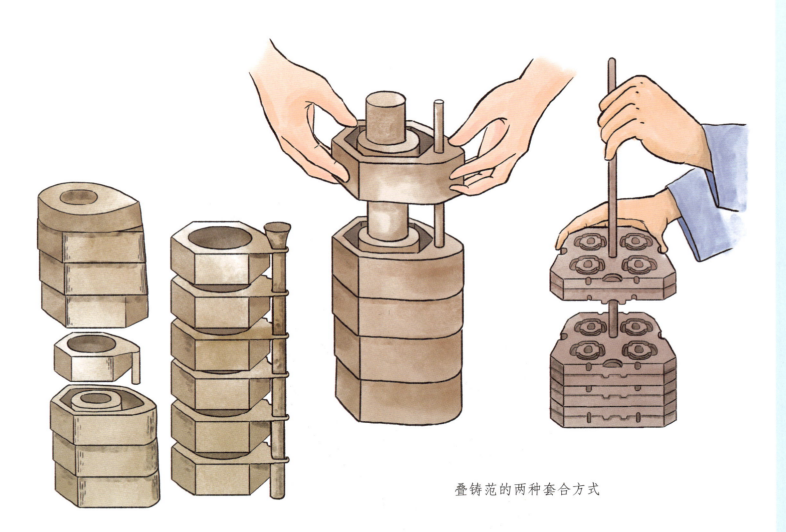

叠铸范的两种套合方式

模与范块　　叠铸法铸成的铸件

温县招贤庄出土的叠铸范，展示了当时高超的叠铸工艺水平。

中国早期播种机————耧车

耧车是汉代的一大发明，这种畜力条播工具就是中国早期的播种机。

耧车播种非常方便，只需将种子放在耧斗中，然后用牛拉着走，同时摇动耧车。种子就会通过管道流入空心的耧足，并落入土中。由于耧足的面积较小，开沟后土壤会自然回落，这样就能同时完成开沟、下种、覆土三个步骤，而且下种均匀，行间距一致。

　　耧车需要牛来拉，有时候也用人拉。

　　在用牛拉耧车的时候，需要两个人配合。一个人牵着牛，控制牛走路的速度，还要在到达田地尽头的时候，让牛转弯。这个牵着牛的人，被称作"帮耧"。如果用人拉耧车，就不用"帮耧"了，播种的人自己控制速度就行了。

　　在耧车后面的人，他负责扶着耧把。播种的速度和种子的播种密度，都是由这个人控制的。

魏晋南北朝

魏晋南北朝时期，冶铁炼钢受到了统治者的高度重视，原因有二，一是需要制作兵器，二是需要生产农具。在当时，最主要的农具制造方法就是灌钢法。

南北朝时期有一位名叫綦毋（qíwú）怀文的人，他使用"灌钢法"冶炼钢刀，通过将液态的生铁浇注在熟铁上，经几次熔炼，使生铁、熟铁内碳含量保持平衡而形成钢。这种方法节省了大量的人力、物力及时间成本，促进了钢铁冶炼技术的进步。

由于当时北方主要种植旱田，南方主要种植水田，所以在魏晋南北朝时期，就形成两种不同的耕作技术。

北方旱田的耕作技术是"耕－耙－耱"；南方的是"耕－耙－耖 (chào)"。

北方的旱田：耕－耙－耱

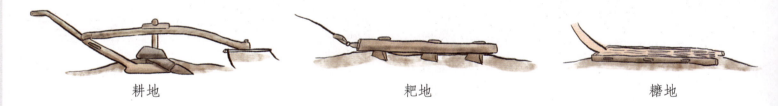

耕地　　　　　　　　　　耙地　　　　　　　　　　耱地

北方春耕时，先用犁耕地，然后再用旱田耙进行耙地，耙可以将翻耕的土块弄碎。耙地后，再用耱进行耱地。耱一般是用荆条或者柳条编的。它可以使地变得更平整，而且耱过的地还利于保持土壤的湿度。

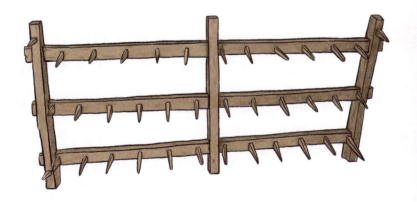

旱田耙

58

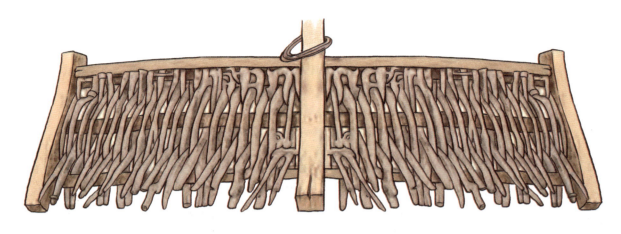

糖

南方的水田：耕－耙－耖

南方也是先用犁耕地，接着进行耙地，但耙地用的工具是水田耙。耙地后，再进行耖地，目的也是为了让土地变得更平整。

旱田以种植小麦为主，水田以种植水稻为主。

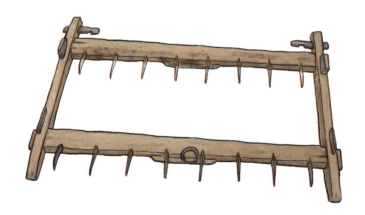

水田耙

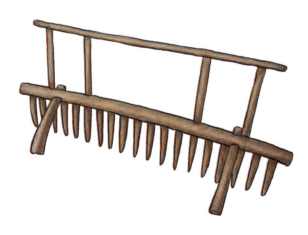

耖
南方水田用的整地农具，可以使地平整。

唐朝农具探秘一

唐朝是中国古代历史上的一个重要时期，农业在这个时期得到了极大的发展。农具作为农业生产的重要工具，在这一时期也得到了迅速的发展。

为什么唐朝的农业发展欣欣向荣？

1. 国家繁荣：唐朝初期社会秩序稳定，经济快速发展。随着人口增加和耕地扩大，农业生产需要更高效率的农具。

2. 朝廷扶持：唐朝朝廷非常注重农业发展，实行了一系列的法令和"惠农政策"，对勤奋的农业官员进行奖励。设立专门机构研究农业技术，帮助人们更好地使用新的农具和种植技术，农民对于农业的积极性空前高涨。

3. 创新改进：农民在实践中积累了宝贵的农业经验，他们发现了更好的种植方法和适应本地环境的农具，提高了工作效率。

4. 文化交流，技术吸纳：唐朝积极与其他国家进行文化交流，引入了外国的农作物和农业技术，对农业的发展起到了重要推动作用。

唐朝时期，农业技术、土地利用和水利工程都取得了重大进展，这让农作物产量猛增，品质也变得更好了！这是怎么做到的呢？

　　在耕作技术方面，唐朝的农民们学会了很多新技术，比如翻耕、压实和间作。

　　在选种方面，唐朝的农民们也进行了一些创新。他们选择优质种子，并尝试杂交和改良，这就像是农田里的"亲戚结婚"，把两个不同的种子结合在一起，让它们"生"出的作物更有特点，产量也更高。此外，他们还从其他地方引进了一些新的作物品种，如高粱、甜菜和蓟。这些新作物使农产品更加多样化，味道也更加丰富！

唐朝农具探秘二

轻便的"曲辕犁"

唐代江南的农民对耕犁进行了重大改进，发明了轻便的曲辕犁。唐代以前的犁都是笨重的直辕犁，回转困难，耕地费力。

唐代曲辕犁（又称江东犁）的犁架小，便于回转，操作灵活，既便于深耕，也让牛的负担大大减轻。这种犁出现后逐渐得到推广，成为最先进的耕具，它的出现是我国耕作农具成熟的标志。曲辕犁一直沿用到新中国成立初期。

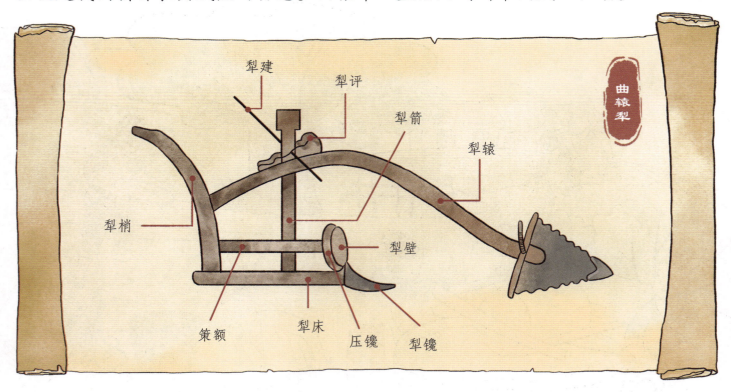

唐代曲辕犁比起前代的耕犁有三处重大改进：一、曲辕、短辕的设计使犁架更小、更轻，操作灵活；二、犁评和犁建的增加使耕地深浅可调，适应不同耕作需求；三、犁壁能碎土并将翻耕的土推到一侧，减少阻力。

农田灌溉工具——筒车

筒车由竹或木制成，用大轮横轴支撑，可以自由旋转。小竹筒或木筒斜挂在轮子周围，浸入水中后装满水，随着轮子的旋转自动上升，最终将水倒入田地。

筒车利用水流自动转动，通过竹筒将水从低处提升到高处，一天一夜就能够灌溉大量的田地。筒车的广泛应用推动了农业的发展，特别是在干旱地区的灌溉问题上发挥了重要作用。

筒车后来还传到了日本，成为常见的农业工具。

宋元时期农具变得更专业

宋元时期，无论是生产工具还是耕作栽培等方面的技术，都有长足的发展，为宋元时期农业生产的发展创造了条件。

1. 农具变得更专业

在这一时期，农具经历了专业化改进。例如，曲辕犁的犁刀经过改进，演变成了适应不同土地和需求的"特种犁刀"。这种改进有助于提高工作效率，特别是在处理不同类型的土地，如沼泽地时，这些特种犁刀可以轻松地清除杂草。

2. 农具减轻了农民的劳动强度

新型农具的引入减少了农民的体力劳动，也让农作变得更有趣味。

例如，专门为拔秧而设计的"秧马"。它是一种木制工具，农民可以坐在上面，在拔秧时用脚蹬地，轻松地前行。

为适应耘田的需要，宋元时期还发明了耘爪。将竹管做成圆锥形状，套在手指上，以避免手指与田土直接接触，减少损伤。

秧马

耘爪

3. 形成了一个庞大的农具体系

庞大的农具体系覆盖了从整地、播种、排灌、收割，甚至到谷物的处理和运输等多个方面。此外，宋元时期还出现了一些重大的农业技术突破，如温室栽培和无土栽培技术的出现，以及桑树嫁接技术的进步，促进了桑蚕养殖的发展。

众多总结生产经验的农书也在这一时期出现，这些农书对中国的农学史和农具史产生了重要影响。

王祯的《农书》是我国第一部对全国范围的农业进行系统研究的农学著作。书中最具特色的是《农器图谱》，收入了大量关于农具、农业机械、灌溉工具、运输工具、纺织机械的绘图，涉及的农具有上百种。

元朝司农司主持编纂的大型综合性农书——《农桑辑要》，是我国现存最早的官农书。

鲁明善编写的《农桑衣食撮要》重在实用，总结了一些畜牧业的经验。

明清时期农具发展趋于稳定

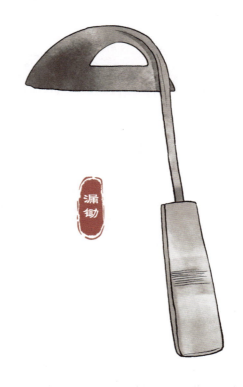

明、清两朝的农具与元朝相比，总体没有太大变化，发展比较缓慢，没有特别突出的创新。但风力农具有很大的发展，比如用于灌溉的风力水车。

在这个期间，北方出现了用于翻耕和松土的工具——漏锄，这种锄头体积较小，重量较轻，适合用于除草和松土。

南方则出现"虫梳"。这是一种专门用于预防水稻害虫的工具，由竹子制成，可以有效地保护水稻生长。

风力水车灌溉工具巧妙地将风车与水车相结合，使风能为人类所用，提高了生产效率。利用风力水车灌溉，在浙西、苏北已经有上百年历史。

　　风力、水力农具的大力推广，不但有效减轻了农民生产劳动的负担，同时也为抗旱、抗涝提供了帮助。

　　另外，明清时期的钢铁冶炼技术也不断进步，出现了生铁淋口技术，就是在熟铁农具的刃口表面蒙上一层厚厚的生铁熔复层和渗碳层，并进行淬火处理。被这样处理的农具，内韧外刚，锋利又耐磨。这一技术突破至今仍应用于一些小农具的生产上面。

吃上一碗香喷喷的米饭，需要经历哪些步骤？

　　在中国，水稻的总产量位于粮食作物产量的首位，尤其是明清之后，水稻更是国人依赖的主要食物。想得到我们每天都吃的米饭，你知道要经历哪些复杂的步骤吗？

1.

耕田

2.

秒 (chào) 地

3.

播种

4.

除草

5.

浇水

6.

收割

7.

脱粒

8.

去壳、筛糠

9.

煮熟

10.

获得米饭

69

现代农具

　　中国的农具发展经历了漫长的历史，从古代的手工农具到现代的高科技农具，每个时期的农具都在不断提高农业的生产效率和质量。农机化是现代农业的发展趋势。随着农业信息化技术的不断进步和完善，农业的自动化、智能化和可持续化，将为农业生产带来更深远的影响，也会不断促进人类社会的发展。